NOTICE

SUR

PAUL POIRET

ÉLÈVE DU

PETIT SÉMINAIRE DE SAINT-RIQUIER

MONTREUIL-SUR-MER
IMPRIMERIE NOTRE-DAME DES PRÉS
1891

NOTICE

SUR

PAUL POIRET

ÉLÈVE DU

PETIT SÉMINAIRE DE SAINT-RIQUIER

MONTREUIL-SUR-MER

IMPRIMERIE NOTRE-DAME DES PRÉS

1891

Que Marie Immaculée, Patronne du Petit Séminaire de Saint-Riquier, daigne bénir ces pages! Nous les lui dédions.

NOTICE

SUR

PAUL POIRET

ÉLÈVE DU

Petit Séminaire de Saint-Riquier

Paul Poiret est mort en 1884, et on met la dernière main à cette notice en 1891 : c'est dire qu'elle n'a pas été rédigée sous l'impression du moment.

Nous ne parlerons des vivants qu'autant qu'il sera absolument nécessaire.

Au moment où nous écrivons, deux frères de Paul sont élèves du Petit Séminaire ; leur père est maire de sa commune ; deux des grands-parents vivent encore. C'est à peu près tout ce que nous dirons. Nous ne venons pas louer ; nous voudrions seulement consoler, et, s'il plaît à Dieu, édifier.

Nous devons des remercîments tout particuliers à Monsieur l'abbé Picot, aujourd'hui curé de Cartigny, autrefois chargé de la paroisse d'Oissy, dont Dreuil est l'annexe. La plupart des documents ont été fournis par ce digne prêtre ; cette notice est en grande partie son œuvre.

Il n'est pas besoin d'ajouter que nous sommes entièrement soumis au décret d'Urbain VIII, et que nous ne prétendons attribuer qu'une autorité purement humaine aux faits dont il peut être question dans cet opuscule.

I.

LES PREMIÈRES ANNÉES.

Le pieux enfant, dont nous esquissons la vie, naquit à Dreuil-lès Molliens, annexe de la paroisse d'Oissy, au diocèse d'Amiens, le 8 juin 1866. Il reçut au baptême les noms de Paul-Médard-Marie-Zénobe. Ses parents, Léopold Poiret et Ernestine Delucheux, sont des cultivateurs placés dans une position honorable, et surtout fermement attachés à la religion. Les traditions chrétiennes se sont conservées là dans toute leur force et font le plus riche patrimoine de la famille.

Éclairée par la foi et sachant combien les premières impressions sont décisives pour la vie, la pieuse mère de Paul tourna vers Dieu toutes les aspirations de son enfant. Il n'avait que sept semaines lorsqu'elle le porta à la messe : c'était le jour de Saint Pierre-aux Liens, fête patronale de Dreuil. A partir de ce moment, il assista toujours à la messe, et on remarqua que jamais il ne pleurait dans le Lieu Saint.

Les exemples dont il était témoin, les soins éclairés dont on l'entourait, la vigilance qu'on exerça sur lui et surtout l'influence de sa mère le pénétrèrent ainsi, dès ses premières années, de la vraie vie chrétienne. Il était bien jeune encore, quand un jour il dit à sa mère : « Mère, quand vous verrez en moi quelque chose qui ne sera pas bien, ne manquez pas de me le dire, pour que je me corrige. »

Dans une âme si bien préparée, toutes les vertus germaient aisément et se développaient vite. Mais le cachet propre du jeune Paul était l'obéissance. Nous n'en citerons qu'un seul exemple. Un soir, Paul n'avait pas encore fait sa prière ; son père lui commanda de se coucher. L'enfant obéit sans réplique ; et quand il croit n'être pas vu, il se lève, fait sa prière, et se remet au lit.

Toutefois, la marque la plus caractéristique du jeune Paul Poiret fut l'attrait irrésistible qui le porta vers l'état ecclésiastique. A peine avait-il l'usage de la raison, qu'il manifesta l'ardent désir d'être prêtre. Ce fut un beau jour pour lui que celui où il put pour la première fois servir le prêtre à l'autel. Bientôt on le vit imiter les cérémonies de l'Église, dresser un autel, dire sa messe, et on l'entendit plus d'une fois reprendre sa sœur, parce qu'elle avait manqué de sérieux dans son rôle *d'enfant de chœur*.

L'heure était venue pour Paul de prendre le chemin de l'école communale. Son instruction n'avait pas été négligée, et il avait reçu au sein même de sa famille les premières notions de grammaire française et de calcul. Mais des soins plus assidus étaient devenus nécessaires, et Paul devait les recevoir avec les enfants de son âge.

L'instituteur de Dreuil était alors M. Dellieux, homme droit et craignant Dieu, qui savait élever les enfants, c'est-à-dire, non seulement les instruire, mais aussi former leur caractère et pénétrer leur âme de l'esprit chrétien.

Le fils de l'instituteur, le jeune Albert Dellieux, étudiait alors les premiers éléments de la langue latine et soupirait après le moment où il entrerait au petit séminaire de Saint-Riquier. La vue de cet enfant pieux, modeste et laborieux, enflamma encore davantage l'ardeur de Paul et excita son émulation[1]; lui aussi voulut commencer le latin. On lui promit de satisfaire son désir, dès qu'il serait assez avancé dans la connaissance du français. L'amour de Paul pour l'étude n'en devint que plus ardent. Doué d'une vive intelligence et d'une heureuse mémoire, il fit les progrès les plus rapides et mérita ainsi la récompense qu'il ambitionnait, le bonheur d'étudier la langue de l'Eglise.

Quelques notions de latin lui furent données par l'instituteur même de Dreuil, M. Dellieux. Un nouveau maître ne tarda pas à se présenter.

Des liens de parenté unissent la famille Poiret à la famille Le Clercq, de Béhencourt. Cette dernière comptait alors parmi ses membres un prêtre éminent, dont le nom est resté en vénération dans le diocèse d'Amiens.

M. L'abbé Le Clercq avait d'abord été professeur au petit séminaire de Saint-Riquier. Entré ensuite dans la savante compagnie de Saint-Sulpice, il était devenu un brillant directeur dans les grands Séminaires de Paris, de Rodez et d'Orléans, et partout il s'était con-

---

[1] Il devait y avoir plus d'une analogie dans la destinée de ces deux enfants ; Albert Dellieux est mort, lui aussi, au milieu de ses études, dans les sentiments de la plus admirable piété (27 mai 1879).

cilié l'estime et l'affection de ses nombreux élèves [1]. M. L'abbé Le Clercq avait donc toujours vécu parmi les jeunes aspirants au Sacerdoce, et son coup-d'œil pénétrant et exercé ne tardait pas à découvrir les marques de vocation ecclésiastique. Dans ses rapports avec la famille Poiret, il fut frappé des qualités du jeune Paul et démêla bien vite en lui des dispositions dont il fallait tirer parti : il pria la famille de le lui confier. La proposition fut acceptée avec empressement, et Paul partit pour Béhencourt. Il y passa près de cinq mois pendant l'hiver de 1876 à 1877. Chaque jour il servait la messe à son illustre professeur, et recevait ensuite ses leçons.

Paul garda de son séjour à Béhencourt l'impression la plus profonde. M. L'abbé Le Clercq lui était apparu comme la personnification du savoir, de la dignité, de la piété aimable, de toutes les vertus sacerdotales ; à ses yeux, c'était un idéal qu'il devrait un jour réaliser.

Au mois de mars 1877, Paul quitta Béhencourt pour retourner à Dreuil. Ses parents voulurent qu'il se préparât d'une manière plus immédiate à sa première communion et qu'il la fît dans sa paroisse natale.

Depuis longtemps, à Dreuil comme à Béhencourt, on avait parlé à Paul de la première communion comme de l'action la plus importante de la vie. Quand l'époque approcha, rien ne fut négligé de la part des parents, et l'enfant répondit de la manière la plus parfaite aux soins dont il était l'objet. Il s'appliqua de toutes ses forces à apprendre son catéchisme ; aussi

---

[1] M. L'abbé Le Clercq, auteur de la *Théologie du catéchiste*, est mort le 17 février 1888.

le savait-il parfaitement, et aux jours de composition, il obtenait toujours la première place, bien qu'elle lui fût disputée par plusieurs camarades intelligents et plus âgés.

Enfin l'heureuse époque arriva. Avec quelle perfection fut faite la retraite préparatoire ! La piété angélique de Paul, son recueillement profond, sa ferveur dans les prières, les larmes qui coulaient de ses yeux pendant les instructions, son attitude en se jetant aux pieds de ses parents la veille du grand jour pour leur demander pardon et les conjurer de le bénir, tout attestait le travail de la grâce dans cette belle âme, tout montrait que Paul comprenait la grandeur de l'action qu'il accomplissait. Ce fut le 27 mai 1877 que le pieux enfant s'unit ainsi à son Dieu. On n'aura pas de peine à comprendre combien une première communion ainsi faite aura dû l'imprégner de vie surnaturelle, affermir ses heureuses dispositions et exercer la plus heureuse influence sur tout son avenir.

Parmi les témoins de cette touchante cérémonie se trouvait naturellement M. l'abbé Le Clecq. Il constata, sans surprise, les progrès de Paul dans la piété. Jugeant une fois de plus qu'il y avait dans l'admirable enfant toutes les marques d'une véritable vocation ecclésiastique, il fit remarquer aux parents qu'il ne convenait pas de laisser cette belle fleur sous le souffle du monde, et qu'il serait sage de la transplanter dans un milieu plus favorable.

Les conseils de cet homme de grande expérience furent goûtés, et, sans attendre la rentrée des classes, on résolut de conduire Paul au Petit Séminaire. Il y entra définitivement le 6 juin 1877, et acheva sa septième.

II.

LE PETIT SÉMINAIRE

Paul Poiret passera cinq ans au petit séminaire de Saint-Riquier. Ce qu'il fut pour le travail et la conduite, il est facile de le savoir en consultant les cahiers de l'établissement.

Dès son arrivée à Saint-Riquier, les notes de ses professeurs nous le montrent intelligent, doué d'une bonne mémoire, ami du travail et brûlant d'émulation. C'est par ce travail ardent qu'il triomphera des difficultés qu'on rencontre toujours au milieu de condisciples nombreux, intelligents eux-mêmes et remplis de courage.

Paul avait fait peu de latin ; il ne pouvait pas se ranger d'abord parmi les premiers élèves de sa classe ; mais il travailla avec tant d'ardeur et de persévérance, qu'il obtint, à la fin de sa sixième, un prix de quatre accessits.

Les années suivantes, des succès plus remarquables encore couronnèrent ses efforts et réjouirent sa famille. En seconde, il était arrivé à briller parmi les plus forts élèves de sa classe. Son application fut telle qu'il obtint le second prix de Diligence et un accessit en Excellence. Il quittait Saint-Riquier le 29 juin 1882 ; il n'avait pu faire, avant de partir, qu'une seule composition pour les prix, celle en langue anglaise, et il y obtenait le premier accessit.

L'élève qui travaille devient plus facilement vertueux ; il sait affronter les difficultés ; il apprend chaque jour à se vaincre lui-même et se prépare ainsi à remplir tous les devoirs de la vie chrétienne.

Il est intéressant de suivre dans les enfants le grand travail de la formation surnaturelle, de contempler ces nobles et belles luttes, où parfois l'âme peut recevoir quelques blessures, éprouver quelques défaillances, mais dont le résultat, quand il y a humilité et persévérance, est toujours la défaite du mal et le triomphe de la grâce.

Lorsque Paul Poiret quitta le Petit Séminaire, il était devenu un des élèves les plus réguliers, et les suffrages de ses condisciples le désignaient pour les plus hautes charges de la Congrégation des Saints-Anges. Toutefois, voulant rester dans les limites de la plus rigoureuse exactitude, nous devons dire que le jeune Paul n'arriva pas en un jour à ce degré de piété et de ferveur. Il dut s'armer contre la légèreté et les défauts du jeune âge. La vertu fut en lui une conquête qu'il dut à d'énergiques efforts.

Dans les trois premières années, on peut remarquer des alternatives de ferveur et de relâchement. Non pas que Paul se soit placé, d'une manière habituelle, parmi les élèves répréhensibles ; une seule fois, pendant sa cinquième, il fut privé de témoignage ; mais on sent d'abord chez lui une certaine hésitation. Les notes *très bien et bien* se balancent en nombre à peu près égal. Un élève, dans ces conditions, ne mérite pas de graves reproches ; mais il peut grandir encore en vertu, et il le doit quand il veut se préparer sérieusement au sacerdoce.

Ce fut le raisonnement que Paul ne manqua pas de se faire à lui-même. Puisque je veux être prêtre, se dit-il, il faut que non seulement j'évite le mal, mais que j'orne mon âme de vertus, que je pense tous les jours à la dignité à laquelle Dieu daigne m'appeler, que je m'efforce de marcher sur les traces de Jésus-Christ, Souverain Prêtre et modèle des prêtres. Ces réflexions, aidées des recommandations de ses maitres et des avertissements de ses parents qu'il aimait, agirent fortement sur son âme et le déterminèrent à tous les sacrifices. Aussi, désormais on peut dire de lui, comme du divin enfant de Nazareth : « *Proficiebat sapientiâ et ætate, et gratiâ, apud Deum et homines* (*Luc*, II. 52) : il croissait en sagesse, en âge et en grâce, devant Dieu et devant les hommes. » A partir de la seconde moitié de la quatrième, le témoignage *très bien* est le sien, et il le tiendra jusqu'à la fin. Ses prières sont plus ferventes ; la communion hebdomadaire devient l'habitude et le besoin de son âme ; et quand une occasion se présente, le premier vendredi du mois, aux moindres fêtes de Notre-Seigneur, de la Très Sainte Vierge, de saint Joseph, il sollicite encore le bonheur de recevoir le pain des Anges.

Tous les moyens de sanctification usités au Petit Séminaire sont saisis par le pieux enfant avec un véritable empressement. La retraite annuelle, en particulier, est pour lui une occasion de se renouveler dans la ferveur. Nous trouvons sur son carnet les lignes suivantes, qui révèlent les aspirations de son âme et montrent l'importance qu'il attachait à la grâce si précieuse de la retraite : « Je veux être prêtre…. Je sais que c'est la vocation où Dieu me veut. Je dois donc agir de telle sorte que je ne puisse perdre ma vocation. Mais, au contraire, afin de m'y préparer, je dois travailler à mettre en moi les vertus sacerdotales ; et, pour cela, je prends les résolutions :

« 1° D'être humble : recevoir de grand cœur toutes les humiliations, et ne recherchant pas la gloire... Cette vertu contribuera à me rendre *chaste,* car je me défierai de ma faiblesse et je recourrai sans cesse à Dieu ; *pieux,* car je sentirai mon néant et je demanderai à Dieu ses grâces ; — *charitable,* car je me sentirai plus petit, plus faible, plus coupable que les autres, et je ne parlerai point en mal de mon prochain ; — *docile,* car je serai persuadé que ce que me commanderont mes supérieurs est pour mon bien, et j'obéirai sans réplique.

« 2° Détaché des vanités de la terre : je ne rechercherai pas les belles parures, je ne prendrai pas trop de soin de ma personne, je ne m'attacherai pas aux personnes du monde, ni à ses fêtes, ni aux biens de la terre.

« Telles sont les résolutions que je prends aujourd'hui. Je les offre au Cœur de Jésus par le Cœur Immaculé de Marie. Jésus ! Marie ! saint François d'Assise ! faites que j'y sois fidèle et que je corresponde à ma vocation sacerdotale ! »

Pourquoi est-il parlé ici de saint François d'Assise ? Il est temps de le dire.

Parmi les condisciples de classe de Paul Poiret, se trouvait un élève d'une conduite exemplaire, le jeune Louis Lacœuilhe, de Quivières. La mère de Louis était depuis longtemps tertiaire de Saint-François d'Assise, et avait voulu que son fils participât au même bonheur.

Dès son entrée au Petit Séminaire, Paul remarqua Louis Lacœuilhe, fut frappé de sa piété, de sa régularité et vit en lui un modèle dont les exemples ne pouvaient que l'affermir et le faire avancer dans la vertu. Ces deux enfants, ayant les mêmes goûts, les mêmes aspirations, ne devaient pas tarder à se connaître, à s'estimer, à se communiquer leurs désirs. Louis parla du Tiers-Ordre de Saint-François, des grâces qui y sont attachées ; et Paul, piqué d'une sainte émulation, désira, sur ce point aussi, suivre les traces de son ami. Avant tout, il en parle à ses parents ; sa demande fut d'abord assez froidement accueillie.

Le père et la mère de Paul savaient bien que leur fils appartenait à Dieu avant de leur appartenir à eux-mêmes, et que Dieu pouvait en disposer à son gré pour tel genre de vie qu'il lui plairait de préférer. Mais chez les parents, même les plus sincèrement chrétiens, la nature n'a pas perdu ses droits ; elle frémit devant un sacrifice. L'entrée dans le Tiers-Ordre ne serait-elle pas l'annonce et la préparation d'une vocation à la première famille de Saint-François ? Devant cette perspective, on conçoit qu'un père et une mère puissent hésiter un moment. D'ailleurs, le désir de l'enfant n'était-il pas l'effet d'une ferveur passagère ? Une épreuve n'était-elle pas nécessaire ou du moins fort utile ? M. et Mme Poiret crurent donc devoir attendre. L'enfant, sans se décourager, revint plusieurs fois à la charge, et ses instances furent si pressantes que le consentement fut enfin accordé.

Ce fut un beau jour pour le pieux enfant que celui où il put, conduit par son père, revêtir l'habit des enfants de Saint-François. Les cérémonies ne se firent pas dans la chapelle des Franciscains ; elle était, hélas ! fermée depuis les lamentables décrets de 1880. Les religieux avaient été violemment arrachés à leur couvent et vivaient dispersés, ne se réunissant qu'à la dérobée et à de rares intervalles. Ce fut dans une maison de la place Saint-Denis, à Amiens, que Paul prit l'habit ; et ce fut là encore que, le temps du noviciat écoulé, il fit profession. Dès lors, il remplit exactement tous les devoirs d'un vrai et fervent tertiaire, et, à la fin de ses lettres, il aimait à se dire enfant des Saints Anges et de Saint François.

Enfant des Saints Anges ! Paul voulait dire par là dévoué, consacré aux Saints Anges. Et en effet ce fut dans la Congrégation des Saints-Anges que Paul puisa ses principaux moyens de sanctification. S'il remplit fidèlement tous les devoirs du tertiaire, s'il devint un élève laborieux, docile et régulier, s'il fit dans la vertu des progrès constants, il en trouva avant tout la force dans la pieuse association à laquelle il se faisait gloire d'appartenir.

Nous n'avons pas à dire ici ce que sont les Congrégations, la grande place qu'elles occupent dans une maison d'éducation chrétienne, et comment elles nourrissent cette belle et aimable piété qui, nécessaire partout, l'est bien plus encore dans un Petit Séminaire.

Plusieurs Congrégations sont établies au petit séminaire de Saint-Riquier, et adaptent aux différents âges leurs règles et leurs secours ; mais la Congrégation des Saints-Anges est la plus nombreuse. Elle prend les élèves au sortir de leur seconde communion ; elle les entretient dans leurs bons sentiments, les fortifie dans un des moments les plus difficiles de la vie, les forme à une vertu solide et les introduit dans la Congrégation de la Très Sainte Vierge, qui est comme le vestibule du Grand Séminaire.

A peine Paul Poiret eut-il fait sa seconde communion, qu'il sollicita la faveur d'entrer dans la Congrégation des Saints-Anges. Il remplit exactement toutes les conditions qu'on exige pendant le temps de probation. Aussi ses désirs furent-ils vite exaucés, et il eut la joie de passer ses vacances de sixième avec le titre de Congréganiste. Il était fier de ce titre, et il aimait, comme on l'a vu, à s'appeler enfant des Saints Anges. Les devoirs du Congréganiste, loin de lui être un pénible fardeau, étaient une consolation pour son âme, parce qu'il y sentait un secours pour son avancement dans la vertu. Aussi aspira-t-il à franchir le dernier degré, celui de *Congréganiste formé*. Il y parvint, et dès lors, se sentant pleinement Congréganiste, il s'attacha de toutes ses entrailles à cette chère association ; il l'aima plus que jamais, la regardant comme une Mère, lui rendant tous les services, lui attirant de nouveaux membres, ayant à cœur de la rendre de plus en plus florissante. Quelle joie en lui à l'approche de ces belles fêtes de la Congrégation qui laissent dans tous les cœurs de si suaves souvenirs ! Comme il était heureux d'orner la chapelle, de tout disposer pour la réception de nouveaux frères ! Et, par là même, que de grâces il recevait dans ces douces et intimes solennités, dont il savait si bien apprécier l'importance !

Tel était Paul Poiret au Petit Séminaire. Honoré de la confiance de ses maîtres, jouissant de l'estime et de l'affection de ses condisciples, il grandissait chaque jour en science et en vertu. Ses parents bénissaient Dieu des consolations que leur procurait leur fils aîné. Toutes les fois qu'ils venaient à Saint-Riquier, ils ne recevaient sur leur enfant que des témoignages flatteurs, et ils partaient heureux et contents.

A ces beaux jours devaient succéder, hélas ! des jours sombres. Une longue maladie, dont le dénouement devait être fatal, allait jeter le deuil sur toute la famille.

Dès les premiers jours du mois de juin 1882, une toux opiniâtre fatigua Paul et l'obligea à s'entourer de certaines précautions. Ses parents le virent, sans trop s'alarmer. La toux et la fatigue ayant persisté, on crut prudent d'accorder à l'enfant un peu de repos. Son père vint le chercher, et, le 29 juin 1882, Paul quitta le Petit Séminaire qu'il ne devait plus revoir.

III.

LA MALADIE. — LA MORT.

Rentré dans sa famille, Paul Poiret fut entouré des soins les plus tendres et les plus assidus. Aucun moyen ne fut négligé, et toutes les prescriptions des médecins furent exactement suivies. L'enfant fut lui-même obéissant dans la maladie, comme il l'avait été dans la santé, et il s'étudia plus que jamais à prévenir les moindres désirs de ses parents, afin de calmer ainsi leurs inquiétudes.

Quelles furent les occupations de Paul pendant les vingt mois qu'il passa dans sa famille ? Son premier soin fut de se faire un règlement pour ses exercices de piété, et ils furent tous remplis aussi exactement qu'à Saint-Riquier. En s'acquittant de ses devoirs, Paul s'unissait à ses condisciples du Petit Séminaire;

son cœur était avec eux ; il les suivait dans leurs études, dans leurs promenades, surtout dans leurs prières. Aux jours des grandes solennités du Petit Séminaire ou des fêtes de la Congrégation, il était tout particulièrement au milieu d'eux.

La belle saison lui permettait de fréquentes promenades ; il allait respirer l'air pur de la campagne. De temps à autre, une visite à quelque membre de la famille jetait une certaine variété sur son existence. D'ailleurs il pouvait encore se livrer à l'étude ; il faisait une lecture, un travail qui devait compléter les humanités et le préparer à la rhétorique.

L'espoir de rejoindre ses condisciples à la rentrée prochaine l'avait soutenu. Aussi sa peine fut grande, quand le 4 octobre 1882, il dut voir partir ses amis et rester lui-même chez ses parents. Il se résigna néanmoins, en pensant qu'il accomplissait la volonté de Dieu.

La mauvaise saison allait venir, et les sorties devaient diminuer d'abord, puis cesser entièrement. Comment passer ces tristes journées d'automne et d'hiver ? Plus que jamais, Paul trouva un refuge et une force dans la prière et dans les Sacrements. Chaque jour il disait le chapelet en entier, récitait l'office de la Sainte Vierge, faisait de longues lectures, dans les Vies des Saints. La sainte Communion, qu'il faisait aussi souvent que possible et avec une ferveur toujours nouvelle, jetait un doux charme sur son existence et ranimait son courage. De fréquentes visites lui étaient rendues par M. l'abbé Picot, curé d'Oissy. C'était ce bon prêtre qui avait préparé Paul à sa première Communion, qui l'avait suivi pas à pas dans le cours de ses études, qui l'avait dirigé et maintenu pendant le temps des vacances ; pouvait-il l'oublier aux jours de tristesse et d'affliction ? M. le curé venait donc souvent visiter Paul, le consoler, le fortifier. Et c'est encore M. le curé qui l'accompagnera dans les deux circonstances qui vont marquer cette dernière période de sa vie.

Don Bosco venait d'arriver en France. Depuis de longues années, on connaissait par la renommée cet humble prêtre, dont la charité avait opéré tant de merveilles. On parlait partout de son amour pour les pauvres et les orphelins, des établissements qu'il avait créés, des missions lointaines qu'il avait fondées. On parlait surtout de ses vertus et de la puissance de ses prières. Son crédit auprès de Dieu n'obtiendrait-il pas une guérison que les secours humains n'avaient pu procurer ? On se plaisait à l'espérer, et le voyage d'Amiens, où Don Bosco allait arriver, fut décidé. Ce fut le 16 mai 1883 qu'eut lieu l'entrevue tant désirée. Laissons parler M. l'abbé Picot :

« J'entends encore la question de l'homme de Dieu : « Mon enfant, aimez-vous bien la Sainte Vierge ? Avez-vous confiance ? » et la réponse d'un accent si pénétrant : « Oui, je l'aime et j'ai confiance, mais, mon Père, vos prières ! — Eh bien ! mon enfant, si le bon Dieu le juge utile pour votre salut, vous guérirez ; je prierai pour vous d'une manière particulière au Saint Sacrifice de la messe, et nous ferons une neuvaine pour vous. »

Paul revint encouragé et redoubla de ferveur dans ses prières. Mais la guérison se faisait attendre ; les forces du malade diminuaient ; sa maigreur, dont il plaisantait lui-même le premier, ne rassurait personne.

C'est alors qu'il songea à réaliser un projet que depuis longtemps il méditait dans son cœur.

La Très Sainte Vierge se plaît à multiplier partout les merveilles de sa puissance et de sa bonté. Il y a pourtant des lieux qu'elle affectionne davantage, des sanctuaires qui ont plus que les autres sa prédilection. Dans notre siècle, elle semble avoir choisi de préférence la ville de Lourdes pour réunir ses enfants, écouter leurs demandes, et les combler de ses bienfaits. Combien de malades, abandonnés par les médecins, ont retrouvé dans la piscine, auprès de la grotte, ou dans la basilique, leur guérison et leurs forces ! La Vierge Immaculée, qui a opéré tant de prodiges sur cette terre bénie, pouvait bien aussi déployer sa royale bonté en faveur d'un jeune aspirant au sacerdoce, qui voulait se consumer à propager son culte et à faire aimer son divin Fils. Ces réflexions passent et repassent dans l'esprit de Paul. C'en est fait, il ira à Lourdes, et pour donner plus de force à sa prière, il se joindra au pèlerinage national.

Mais comment réaliser un pareil projet ? L'enfant dépérit chaque jour ; le plus souvent, même au cœur de la journée, il est obligé de garder le lit; ses jambes refusent presque tout service. Ceux qui doivent l'accompagner sont dans de vives appréhensions. Plusieurs membres de la famille crient à la témérité et redoutent une catastrophe. Mais Paul a plus de confiance : « Non, non, dit-il, la Sainte Vierge ne permettra pas qu'il m'arrive aucun mal dans le voyage. »

Du reste, une circonstance que nous devons dire leva toute incertitude. L'ami de Paul, Louis Lacœuilhe, dans un état de faiblesse plus grande encore, se préparaît à partir pour Lourdes ; son exemple allait trancher la difficulté.

Lacœuilhe avait pu, sans paraître souffrir, terminer sa classe de Seconde. A la rentrée d'octobre 1882, il commença sa rhétorique avec les autres ; mais sa santé laissait à désirer, et on dut, pendant tout l'hiver, l'entourer de grandes précautions. Sa faiblesse augmentant, il fut obligé de quitter le Petit Séminaire le 16 mars 1883 pour rentrer dans sa famille. Lacœuilhe avait, tout jeune encore, perdu son père ; fils unique, il était tout l'espoir de son excellente mère qui le soigna comme peut le faire la mère la plus pieuse et la plus aimante. Hélas! tout fut inutile. La maladie fit des progrès d'une rapidité effrayante. Tous les moyens humains ayant été épuisés, Mme Lacœuilhe résolut de conduire son fils à Lourdes, en se joignant au pèlerinage national.

Quand cette nouvelle arriva à Dreuil, Paul ne se contint plus : il conjura ses parents de donner enfin l'autorisation si ardemment désirée. « Son ami et lui uniront leurs efforts. Ensemble ils ont travaillé et prié à Saint-Riquier, ensemble ils prieront et souffriront à Lourdes ; et leurs supplications réunies ne seront pas inutiles. » — Les parents furent vaincus par tant d'instances, et le pèlerinage fut décidé.

Paul tressaillit de joie, lorsque son père revint d'Amiens rapportant les billets pour Lourdes. Il employa son temps libre à tout prévoir. Le motif du voyage, ses promesses, ses résolutions, les requêtes à présenter à la Sainte Vierge, tout est noté pour que rien ne soit oublié durant le temps si précieux qu'il passera à Lourdes. Nous trouvons dans son carnet, écrites de sa main, les lignes suivantes que nous reproduisons en entier, sans changer même une lettre.

I. 1° « Quatre fois par an, le samedi de chaque Quatre-Temps, (sauf le cas de force majeure ; alors le plus tôt possible), offrir le Saint Sacrifice de la Messe aux intentions de la Très Sainte Vierge.

2° Autant que possible, et jusqu'à ce que l'on soit prêtre, entendre la Messe, communier et prier aux jours sus-dits aux mêmes intentions.

II. Instruire ou faire instruire un enfant pauvre en l'honneur de la Sainte Vierge.

III. Faire don à l'église paroissiale d'une grotte de Notre-Dame de Lourdes, où mention sera faite de la *reconnaissance* et du jour bienheureux.

Fondation à perpétuité d'une Messe annuelle à Notre-Dame de Lourdes au jour sus-dit (et entretien de la grotte.)

IV. Neuvaine de Messes à Notre-Dame de Lourdes, avec aumône au S. C. de B[1].

V. Aumône à D. J. B.[2], en l'honneur de Notre-Dame Auxiliatrice.

VI. Visite à Notre-Dame du Cardonnois (ou du Bon Secours)[3].

VII. Autant que possible, réciter chaque jour le chapelet de cinq dizaines au moins.

VIII. Autant que possible, ne pas prendre l'habitude d'user de tabac.

Ma guérison !!! Entrer dans les saints Ordres et

---

[1] Qui est désigné par ces initiales ? on l'ignore.
[2] Il s'agit de Don Jean Bosco.
[3] Près d'Aumale (Seine-Inférieure).

avoir le bonheur de célébrer la Messe ! Aimer et faire aimer la Sainte Vierge de tout mon possible.

Pureté. Humilité. Charité. Douceur. Patience. Confiance. Être bientôt son enfant. Bon Tertiaire. »

Suit la liste des personnes et des Communautés pour lesquelles il priera d'une manière toute spéciale. Le Petit Séminaire et la Congrégation des Saints-Anges y occupent une place de choix.

Le jour du départ arrive, jour de grande consolation pour la piété de Paul. Pendant tout le trajet, il est admirable d'énergie, de calme et de sérénité. Il ne veut manquer aucun des exercices du pèlerinage. Aux stations de Paris, de Poitiers à Sainte Radegonde, il a besoin d'un secours étranger pour assurer sa marche chancelante : jamais une plainte, ni une marque d'impatience. Plein de courage, il dit en souriant : « Pardon, M. le Curé ! votre bras en allant ; au retour, Notre-Dame de Lourdes me donnera le sien. »

On arrive. Louis Lacœuilhe a précédé Paul et vient le recevoir à la gare. Les deux amis se retrouvent donc après une longue séparation : ils se retrouvent affaiblis, épuisés. Ils sont venus avec les mêmes dispositions, dans le même dessein : ils vont unir leurs prières et leurs efforts pour obtenir, s'il plaît à Dieu, leur commune guérison.

Ceux qui ont eu le bonheur d'aller à Lourdes savent ce qu'on éprouve sur cette terre privilégiée. On respire là une atmosphère, on ressent des émotions qui ne sont plus de ce monde. La vue des autres pèlerins plongés eux-mêmes dans l'élément surnaturel, la pensée des merveilles déjà opérées en ces lieux, l'influence que Marie a laissée avant de quitter la grotte miraculeuse, tout agit sur l'âme, la transporte dans un monde nouveau et lui inspire une ferveur jusqu'alors inconnue.

Quelles furent donc les prières que Paul et Louis répandirent avec leurs larmes soit à la grotte, soit dans la basilique ! Quelle ardeur ! quelle confiance ! Après la sainte Communion qu'ils ont reçue ensemble, après les doux épanchements de leurs cœurs et les effusions de leur piété, ils approchent de l'eau qui a guéri tant de malades. Ils ne se contentent pas d'y descendre une seule fois, ils demandent à être plongés à plusieurs reprises dans la piscine. Ils en sortent avec la même confiance, avec le même filial amour : Dieu et la Sainte Vierge savent mieux qu'eux ce qui leur est nécessaire ou utile, et quelle sera l'heure propice pour leur accorder ou la grâce sollicitée ou une autre plus précieuse encore.

Il faut s'arracher à ces attrayantes sources de grâces ; il faut quitter Lourdes. Les deux amis font en partant une nouvelle promesse : Si Marie leur rend la santé, ils appartiendront à cette phalange de la charité qu'on appelle les brancardiers de Lourdes, ce qui leur permettra de venir chaque année prier et remercier la Vierge Immaculée.

Le retour s'accomplit pour Paul dans les meilleures conditions. Non seulement il n'éprouva aucune fatigue, mais il ressentit une amélioration qui se prolongea durant quelques semaines. Ne serait-ce pas le commencement d'une guérison qui va s'effectuer peu à peu et n'en sera que plus durable ? Il se plaisait presque à l'espérer. Mais la mauvaise saison approche, et avec elle reviennent les malaises, la fièvre, les insomnies. Le malade aspire toujours après un lendemain meilleur qui n'arrive pas. La prière, les neuvaines, les communions font sa consolation et nourrissent ses espérances. Comme au début de sa maladie, il dit à ceux qui l'entourent : « Ce serait malheureux de mourir avant d'être prêtre», et de grosses larmes perlent dans ses yeux. La fête de l'Immaculée Conception, qui lui rappelle de si douces émotions, fait battre de nouveau son cœur d'espérance et d'amour. Le soulagement ne vient pas. C'est même le moment de l'épreuve, par laquelle Dieu veut le purifier davantage, pour lui décerner une plus belle récompense.

C'est à cette lumière de la foi que Paul envisage sa longue maladie, sur l'issue de laquelle il commence à ne plus se faire illusion. Se résigner à la volonté de Dieu, lui faire généreusement et complètement le sacrifice de sa vie, telle est désormais la grâce que le pieux enfant sollicite. Pour s'entretenir dans cette disposition chrétienne, il a écrit sur un carton placé près de son lit ce distique de saint François de Sales, étudiant et malade à Padoue :

Sive mori me, Christe, jubes, seu vivere mavis;
Dulce mihi tecum vivere, dulce mori [1].

Ne pouvant plus sortir, il multiplie ses exercices de piété, se reprochant même de ne pas faire davantage. Il gagne ainsi le mois de février, attendant toujours une amélioration qui n'arrive pas. La situation s'aggrave, au contraire. Les nuits deviennent plus agitées, les accès de fièvre plus fréquents, la respiration plus

---

[1] Que vous m'ordonniez, ô Jésus, de mourir, ou que vous préfériez me laisser vivre, avec vous la vie et la mort me sont également douces.

précipitée et plus bruyante. L'illusion n'est plus possible ; il faut songer aux derniers sacrements. A la première proposition qui lui en est faite, Paul accepte avec empressement :

« Vous jugez, M. le Curé, que le moment est venu ; je veux comme vous voulez, comme Dieu veut ; je lui renouvelle le sacrifice de ma vie. » Il reçoit avec la foi la plus vive le saint Viatique, l'Extrême-Onction, l'Indulgence de la bonne mort. Dès lors, il ne s'occupe plus que de Dieu et de son éternité.

Le vendredi, dans la soirée, tous ses parents sont réunis auprès de son lit. On récite le chapelet et on fait, selon la coutume, la prière en commun. Le malade, surmontant sa faiblesse, répond encore d'une voix distincte et relève même un mot oublié. Quelques instants après, comme on achevait une prière à Notre-Dame de Lourdes, il rendait le dernier soupir : c'était le 22 février 1883, à 9 heures du soir.

Les funérailles eurent lieu le lundi 25 février, au milieu d'une immense affluence de parents et d'amis. On y vit un grand nombre d'ecclésiastiques ; qu'il nous suffise de nommer : M. l'abbé Le Clercq, dont nous avons parlé plus d'une fois ; M. Leroy, Curé-Doyen de Molliens-Vidame ; M. Masse, curé de Quivières ; M. Charlier, curé de Quesnoy-sur-Airaines ; M. Blondin, curé de Bougainville ; M. Dubois, curé de Riencourt ; M. l'abbé Hurtel, élève du Grand Séminaire....

La Messe fut chantée par M. l'abbé Picot, qui, avec un zèle infatigable et un goût parfait, avait su tout disposer et orner l'intérieur de l'église de tentures funèbres.

Le Petit Séminaire était représenté par M. le Supérieur, accompagné d'un professeur et de quatre élèves qui voulurent porter eux-mêmes leur condisciple à sa dernière demeure. L'un deux prononça sur la tombe quelques paroles, toutes pleines de la foi et de l'espérance chrétienne.

La sépulture que Paul reçut le 25 février n'était que provisoire. Les parents ne tardèrent pas à élever dans le cimetière de Dreuil, à deux pas de leur propre demeure, une chapelle funéraire, sous laquelle ils creusèrent un caveau de famille. C'est là que Paul repose, en attendant la bienheureuse résurrection.

Nous terminons par ces paroles du Sage qui nous semblent avoir ici leur pleine application : *Consummatus in brevi, explevit tempora multa,* ayant vécu peu d'années, il a fourni une longue carrière. (*Sap.* IV, 13.)

IMPRIMATUR.

Car. Leleux, Vic. Gener.

Atrebati, 1 Nov. 1891.

Imprimerie Notre-Dame des Prés. — Ern. Duquat, directeur.
Neuville-sous-Montreuil (Pas-de-Calais).

IMPRIMERIE NOTRE-DAME DES PRÉS. — ERN. DUQUAT, DIRECTEUR.
NEUVILLE-SOUS-MONTREUIL (PAS-DE-CALAIS).

www.ingramcontent.com/pod-product-compliance
Lightning Source LLC
Chambersburg PA
CBHW061010050426
42453CB00009B/1351